RÉGIMES MATRIMONIAUX

PROJETS DE RÉFORMES

ET

LEURS PRINCIPALES CONSÉQUENCES

PAR

MM. LE COURTOIS ET SURVILLE

DOYEN ET PROFESSEURS DE DROIT CIVIL
A LA FACULTÉ DE DROIT DE L'UNIVERSITÉ DE POITIERS

(Préface de la 3e Édition (sous presse) du Traité du Contrat de mariage. — Collection Baudry-Lacantinerie).

LIBRAIRIE
DE LA SOCIÉTÉ DU RECUEIL GÉNÉRAL DES LOIS ET DES ARRÊTS
FONDÉ PAR J.-B. SIREY, ET DU JOURNAL DU PALAIS
Ancienne Maison L. LAROSE & FORCEL
22, Rue Soufflot, PARIS, 5° Arr'
L. LAROSE & L. TENIN, Directeurs

1906

RÉGIMES MATRIMONIAUX

PROJETS DE RÉFORMES

ET

LEURS PRINCIPALES CONSÉQUENCES

RÉGIMES MATRIMONIAUX

PROJETS DE RÉFORMES

ET

LEURS PRINCIPALES CONSÉQUENCES

PAR

MM. LE COURTOIS ET SURVILLE

DOYEN ET PROFESSEURS DE DROIT CIVIL

A LA FACULTÉ DE DROIT DE L'UNIVERSITÉ DE POITIERS

(Préface de la 3e Édition (sous presse) du Traité du Contrat de mariage. — Collection Baudry-Lacantinerie).

LIBRAIRIE

DE LA SOCIÉTÉ DU RECUEIL GÉNÉRAL DES LOIS ET DES ARRÊTS

FONDÉ PAR J.-B. SIREY, ET DU JOURNAL DU PALAIS

Ancienne Maison L. LAROSE & FORCEL

22, Rue Soufflot, PARIS, 5e Arrt

L. LAROSE & L. TENIN, Directeurs

1905

PRÉFACE

Lors de nos éditions précédentes, une préface nous avait semblé inutile.

La recherche des origines, l'esquisse rapide de l'évolution historique des régimes matrimoniaux qui nous ont été légués par les pays coutumiers et par les pays de droit écrit, le parallèle du régime dotal et de la communauté conjugale rajeuni grâce à un plus grand souci des réalités : tout cela n'avait-il pas sa place naturellement marquée dans le corps même du Traité, entre l'exposé du principe de la liberté des conventions matrimoniales, si largement proclamé dès le début par le législateur, et l'examen critique des raisons qui l'ont guidé dans le choix du régime de droit commun, régime de ceux qui n'ont pas voulu ou n'ont pas su faire de contrat de mariage ([1]) ?

Mais un thème nouveau mérite notre attention : celui des réformes que comporte la législation française en matière de conventions matrimoniales. Nous y avions bien quelque peu songé déjà, en critiquant, dans nos précédentes éditions, les pouvoirs exagérés du mari sur les biens communs ([2]), et en insistant sur la nécessité de l'accentuation du mouvement, déjà commencé, en faveur de l'extension du rôle juridique de la femme dans la gestion des intérêts communs ([3]).

Nous allons bientôt constater que c'est précisément à ce double point de vue qu'il faut envisager le problème, si l'on se préoccupe d'améliorer la situation trop souvent poignante de la femme de l'ouvrier, et d'organiser un régime de

([1]) V. *infra*, I, n°s 50 à 60.
([2]) V. *infra*, I, n°s 686, 687.
([3]) V. *infra*, I, n°s 682 à 698.

droit commun qui lui convienne, sans recourir au procédé fâcheux d'une législation spéciale à une classe de citoyens.

Aujourd'hui, le problème de la revision de notre Code civil est officiellement posé. Par arrêté du commencement de décembre 1904 ([1]) M. le garde des sceaux a institué une commission nombreuse, « à l'effet de rechercher, dans les législations civiles étrangères et dans les travaux parlementaires de notre pays, les solutions juridiques qui, ayant réalisé un progrès, pourraient prendre une place légitime dans le Code civil de la France. »

Réunie au Ministère de la Justice le 22 décembre 1904, cette commission s'est subdivisée en six sous-commissions dont la cinquième, composée de onze membres, est chargée de rechercher les modifications à apporter au titre *Du contrat de mariage* et au chapitre VI du titre *Du mariage*, sur les droits et les devoirs respectifs des époux ([2]). Ce dernier chapitre est consacré presque tout entier à l'autorisation maritale (art. 215 à 226), institution qui découle, elle-même, du principe, aujourd'hui si contesté, écrit en ces termes dans l'article 213 : « Le mari doit *protection* à sa femme, la femme *obéissance* à son mari. »

⁂

Pour ne point sortir du cadre de ce Traité, n'envisageons que la revision du titre *Du contrat de mariage*.

Dans son discours d'ouverture des travaux de la commission, M. le Ministre de la Justice l'a invitée discrètement « à faire moins œuvre d'invention que de perfectionnement », ajoutant qu' « il ne s'agit pas de jeter à bas notre vieux Code civil pour en faire un tout neuf ». Il a finalement déclaré que le but à poursuivre « était beaucoup plus de mettre notre Code civil en harmonie avec l'état social actuel » ([3]).

Or, l'article 213 du Code civil et son influence directe sur

([1]) V. *Journal officiel*, 1904, n° du 3 décembre, p. 7126.
([2]) V. *Bulletin de la Société d Études législatives*, 1905, p. 183.
([3]) V. *Bulletin de la Société d'Études législatives*, 1905, p. 180, 181.

bon nombre des dispositions du titre *Du contrat du mariage,*
en particulier sur les textes qui ont maintenu au mari une
trop large part des droits d'aliénation et de dissipation que
lui conférait jadis sa qualité de « seigneur et maître de la
communauté », ne sont pas les moins argués d'être en désac-
cord avec nos mœurs et nos idées (¹). Nous nous sommes
déjà nous-mêmes — nous venons de le rappeler — associés
dans une certaine mesure à ces critiques.

Nous voudrions, aujourd'hui, dire un mot des études et
des propositions déjà faites en vue de réformer notre législation des régimes matrimoniaux.

* *

Il nous paraît indispensable de rappeler, à cette occasion,
les principes fondamentaux de cette partie de notre législation. Ces principes, à force d'être sous-entendus tant ils
avaient longtemps paru évidents et indiscutables, ont fini
par être oubliés, ou passer inaperçus. Or, il serait fâcheux,
sous prétexte d'améliorer le sort des femmes mariées, de
les priver de certains avantages dont elles ne sentiraient
tout le prix que lorsqu'elles les auraient perdus, et dont à
l'heure présente, dans l'ardeur des polémiques, de bons esprits
même pourraient être portés à faire trop bon marché.

La revision de notre législation des régimes matrimoniaux
est, au point de vue que nous envisageons en ce moment,
depuis longtemps commencée.

La loi du 6 février 1893 a restitué à la femme séparée de
corps et de biens la plénitude de sa capacité juridique. Le
législateur a sagement renoncé à continuer d'imposer à la
femme, après la rupture violente de la vie commune, l'obligation de prendre conseil de son mari pour la gestion de
ses intérêts pécuniaires.

(¹) Cpr Turgeon. *Le féminisme,* 2 vol. (*passim*). — V. également. Basset. *Le
rôle de la femme mariée dans la gestion des intérêts pécuniaires* (Th. 1896).
— Morizot-Thibaut. *De l'autorité maritale* (1899). — Aftalion. *La femme
mariée* (Th. 1899). — Binet. *La femme dans le ménage* (Th. 1904) et la biblio-
graphie mise en tête de cette thèse.

Les lois du 9 avril 1881 et du 20 juillet 1895 sur les caisses d'épargne, la loi du 20 juillet 1886 sur la caisse des retraites pour la vieillesse ont quelque peu augmenté les droits de la femme sur les ressources communes.

Elle peut jouer son rôle dans les sociétés de secours mutuels ([1]) et de prévoyance.

En 1896, à la suite d'une proposition de loi de M. Goirand, qui élargissait une proposition antérieure de MM. Jourdan, Dupuy-Dutemps et Montaut, notre Chambre des députés votait que : « Quel que soit le régime adopté par les époux, la femme a le droit de *recevoir, sans le concours de son mari,* les sommes provenant de son travail personnel, et *d'en disposer librement.* »

.•.

D'autre part, les jurisconsultes ne sont pas restés indifférents en présence de ces graves questions. Sous l'influence du mouvement en faveur des réformes législatives et de la codification du droit privé devenu de plus en plus intense dans la plupart des États civilisés, au lendemain de la promulgation du nouveau Code civil allemand et de l'apparition d'un avant-projet de Code civil pour la Suisse ([2]), il s'est constitué à Paris, en 1901, une *Société d'Études législatives* « en vue surtout de faciliter la réforme des codes et des lois ([3]). »

Le premier problème mis à l'ordre du jour de la première séance de cette Société, le 20 février 1902, fut celui-ci : « Des modifications à apporter aux droits et pouvoirs de la femme mariée quant aux biens et aux produits du travail et de l'industrie ([4]). »

Le rapporteur, notre savant collègue M. Tissier, distingue,

([1]) V. la loi du 1er avril 1898 *sur les sociétés de secours mutuels.*

([2]) V. l'exposé des motifs de cet avant-projet par M. le professeur Huber, et T. I, Berne 1901. Cpr. le premier avant-projet de Code civil suisse de 1894.

([3]) V. *Bulletin de la Société d'Études législatives,* 1901-1902, I, p. 5, s.

([4]) V. *Bulletin de la Société d'Études législatives,* 1901-1902, I, p. 25.

à ce sujet, très nettement deux questions : « l'une, très ample et très complexe, a pour objet l'ensemble des réformes qu'on doit apporter aux droits et pouvoirs actuels de la femme mariée ; l'autre, précise et bien circonscrite, a trait aux droits et pouvoirs de la femme mariée sur les produits de son travail ([1]). » La commission s'en tint prudemment à l'étude approfondie de cette dernière question. Mais, au cours de la discussion en assemblée générale, les orateurs semblent bien approuver l'idée d'une réforme plus étendue, dont la réalisation exigera une connaissance profonde des habitudes des familles, en une matière où s'exerce si largement le principe de la liberté des conventions.

Dans son beau livre sur *Le mariage et le divorce dans les principaux pays civilisés*, M. Lehr s'exprime ainsi : « *Partout le mari étant considéré comme le chef de l'association conjugale*, c'est, en cas de dissentiment, son avis qui doit prévaloir ([2]). Le devoir d'*obéissance* de la femme est donc indiqué en termes plus ou moins explicites. Mais les législations les plus récentes, et surtout les législations germaniques insistent plutôt sur le caractère d'associée ou de *coopératrice* de la femme que sur le caractère de *subordonnée* ; et elles sont certainement plus près de la nature actuelle des relations entre mari et femme ([3]). » Ce passage, de l'éminent jurisconsulte, n'est-il pas à méditer ?

.
..

Quoi qu'il en soit, les promoteurs d'innovations se divisent en deux groupes.

([1]) *Bulletin de la Société d'Études législatives*, 1901-1902, I, p. 28.

([2]) V. les art. 583, s. du Code civil de Zurich, le prototype des Codes du nord-est de la Suisse, trad. Lehr, p. 140 ; et, du même auteur : *Le mariage et le divorce*, n° 985.

([3]) Cpr. Lehr, *Le mariage et le divorce*. nᵒˢ 128, 131, s., ainsi que les art. 1354, s. C. civ. allemand. — Bufnoir, *La question des régimes matrimoniaux en Allemagne, Bulletin lég. comparée*, 1876, p. 163, s. — Saleilles. *La condition juridique de la femme dans le nouveau Code civil allemand*. (Extrait de la *Réforme sociale*) 1901. — Léon Lyon-Caen, *La femme mariée allemande* (Th. 1903).

Les uns, — ce sont les moins nombreux, — voudraient faire admettre, comme régime légal, celui de la séparation de biens (¹). Les autres restent fidèles à la communauté.

Le régime de la séparation de biens qui a les préférences des législations anglo-américaines (²), est celui, dit-on, qui réalise l'égalité juridique complète des époux. Chacun d'eux dirige séparément ses intérêts. Sans doute, on a songé depuis longtemps (³) à conférer, en cas de communauté, à l'un comme à l'autre des conjoints un droit égal dans l'administration du patrimoine commun ; mais un pareil système semble devoir être d'un fonctionnement trop difficile (⁴). Avec la communauté, il faut un seul gérant, et, en général, on ne peut guère contester que ce soit le mari qui, à raison de sa force, de son activité, de ses aptitudes, de son expérience, soit tout désigné pour remplir ce rôle (⁵). De là résulte forcément une certaine subordination de la femme mariée, à laquelle la soustrait, seul, le régime de séparation.

Ce régime, que les féministes allemandes ont essayé vainement d'obtenir lors de l'adoption du Code civil par le Reichstag (⁶), n'est pas dans nos mœurs françaises. Les statistiques le démontrent éloquemment (⁷). Il s'éloigne même plus encore du régime traditionnel français de communauté que du régime d'administration commune allemand (⁸).

D'ailleurs, n'est-il pas éminemment souhaitable qu'un régime légal puisse, autant que possible, fonctionner sans l'accomplissement de formalités coûteuses ? Or, les époux vont, — est-il concevable que l'on ait été parfois jusqu'à le

---

(¹) V. not. Bridel, *Le droit des femmes et le mariage.*

(²) V. *infrà*, I, n° 71.

(³) V. les deux premiers projets de Code civil de Cambacérès. Cpr. Laurent : *Avant projet de Code civil belge.*

(⁴) V. le troisieme projet de Code civil présenté aux Cinq Cents par Cambacérès. Fenet, t. I, p. 156.

(⁵) V. Tissier. *Bulletin de la Société d'Études législatives,* 1901-1902, I, p. 30.

(⁶) V. la communication de Mlle Schirmacher, *Bulletin de la Société d'Études législatives,* 1901-1902, I, p. 191

(⁷) V. *infrà*, I, n° 64 note.

(⁸) V. *infrà*, I, n° 72.

mettre en doute, — avoir une habitation commune, malgré la séparation momentanée que peut causer leurs occupations journalières, chacun travaillant de son côté. Dès lors, sous le régime de la séparation d'intérêts, un inventaire des biens des époux lors de la célébration du mariage est encore plus indispensable que sous tous les autres régimes, puisque tous les biens constituent des propres, soit du mari, soit de l'épouse.

Si l'on s'avisait de vouloir rompre brusquement avec les habitudes des familles dans notre pays, on aboutirait, tout au plus, à multiplier les contrats de mariage — en une matière dominée par le principe de la liberté, — et aussi, lors des liquidations, les procès sur les droits respectifs des époux.

Remarquons, au surplus, que la séparation de biens proposée aujourd'hui par quelques-uns comme régime de droit commun n'est pas celle qui est réglementée par notre Code civil [1]. C'est une séparation de biens sans autorisation maritale, une séparation dans laquelle la femme n'aurait pas de contribution à verser aux mains du mari. Mais elle serait personnellement tenue envers les fournisseurs dès qu'elle aurait traité avec eux.

Comme l'a excellemment écrit M. Tissier : « La communauté est notre régime national, celui auquel, à notre époque encore, vont presque toujours les préférences des familles, et qu'adoptent la plupart des contrats de mariage [2]. Un législateur ne peut sur ce point que se conformer aux usages ; il ne saurait songer à troubler autant d'intérêts et d'habitudes respectables » [3].

Nous n'avons donc guère d'emprunts à faire aux législations anglo-américaines.

L'admiration que beaucoup de juristes français professent pour le récent Code civil allemand, dessine plutôt une ten-

----

[1] Lors de la préparation du Code civil de 1804, une proposition de Portalis, tendant à faire de la séparation de biens le régime de droit commun en France, ne reçut pas bon accueil. V. *infrà*, I, n° 59.

[2] V. *infrà*, I, n° 64, note.

[3] V. Tissier, *Bulletin de la Société d'Études législatives*, 1901-1902, I, p. 31.

dance à s'inspirer de la législation matrimoniale de l'Allemagne. C'est ainsi que l'institution des *biens réservés* à la femme mariée ([1]) a paru offrir un excellent moyen de sauvegarder les gains de l'épouse, de les soustraire, ainsi que les économies par elle réalisées, aux dissipations possibles du mari.

Mais, dans les discussions de la Société d'études législatives, il a vite apparu que cette institution ne pouvait être transportée chez nous qu'avec des modifications importantes, nécessaires pour l'adapter à notre régime traditionnel de communauté. Aussi la commission de ladite Société a-t-elle eu soin d'inscrire dans son projet de loi que les économies provenues des gains de l'épouse feront partie de la communauté à sa dissolution. La femme ou ses héritiers auraient toutefois le droit d'en exercer la reprise en cas de renonciation. Encore faut-il réserver le droit de poursuite des créanciers dont ils étaient antérieurement le gage ([2]). « La preuve de la provenance des biens dont la femme déclarera vouloir disposer, pourra être faite par tous les moyens de droit, sauf par commune renommée » (Art. 4 du projet).

Lors de la liquidation, ce droit à des biens réservés, sous notre régime national de communauté, ressemblerait beaucoup, ainsi compris, au préciput légal en cas de renonciation. Va-t-on l'admettre sans restriction, ce qui rendrait des abus possibles dans les ménages où l'on pourrait prétendre que la femme réaliserait des gains ou des économies très considérables ? Ne suffirait-il pas de le limiter, dans le régime légal, aux dépôts des caisses d'épargne, aux versements des caisses des sociétés de secours mutuels ou de prévoyance, ou même de la caisse des retraites pour la vieillesse ? On y pourrait ajouter les acquisitions des maisons soumises au régime des habitations à bon marché, des futurs petits domaines de famille, etc...

En Allemagne, la situation est beaucoup plus simple. Nous

([1]) V. *infrà*, I, n' 72.

([2]) V. l'art. 5 de ce projet et ce projet lui-même, précédé d'un exposé de motifs, dans le *Bulletin de la Société d'Études législatives*, 1901-1902, I, p. 457, s. et p. 464.

trouvons dans ce pays des habitudes différentes des nôtres et un régime matrimonial de droit commun, celui d'administration commune ou d'usufruit marital, que nos familles françaises n'accepteraient pas volontiers. Le régime allemand de droit commun est fort analogue à notre exclusion de communauté que nous ne voyons stipulée que 1.694 fois dans les 82.000 contrats de mariage notariés rédigés en 1898 (¹).

En Allemagne, alors qu'il n'y a pas de communauté de biens entre les époux, il est logique et équitable de vouloir que, le mari conservant pour lui seul les économies réalisées sur les produits de son travail, la femme ait un droit pareil sur ses propres gains, et qu'elle en ait la disposition. Mais, chez nous, il ne peut s'agir à ce point de vue, sous le régime de la communauté, que d'un partage d'attributions entre les époux pour l'administration du fonds commun. Il ne peut s'agir que d'une sorte de consolidation du mandat tacite, déjà admis par Pothier (²), au profit de la femme, celle-ci ayant le gouvernement intérieur de la maison et la direction des achats chez les fournisseurs, alors que le mari représente plus spécialement la communauté dans les actes juridiques vis-à-vis des tiers, et pourvoit à l'administration générale des biens communs.

.
. .

Les divers reproches adressés à notre droit matrimonial, même dans l'intérêt de la femme de l'ouvrier (³), se résument tous dans la critique des pouvoirs exorbitants du mari, spécialement sur les biens communs, et dans l'omission, par les législateurs de 1804, d'une consécration légale du rôle naturel et traditionnel de la femme dans le mariage : c'est

---

(¹) V. *infrà*, I, n. 64 note.

(²) *Communauté*, n. 574.

(³) V. Glasson, *Le Code civil et la question ouvrière*, p. 6. — Cpr. Cauwès, *De la protection des intérêts économiques de la femme mariée*, 1894. — Boistel, *Des limites à apporter aux pouvoirs du mari dans l'administration de la communauté* (*Réf. sociale*, janv. 1902). — Aftalion, *La femme mariée, ses droits et ses intérêts*, 1899. — Morizot-Thibaut, *L'autorité maritale*, 1899.

elle qui fait les achats en vue des besoins journaliers de la famille et qui doit par suite représenter l'esprit d'économie. Or, dit-on, le législateur de 1804 ne lui a pas assuré assez d'indépendance pour qu'elle puisse aisément atteindre ce but. Il ne l'a pas non plus intéressée, d'une façon assez apparente, à mettre en réserve quelques ressources pour les périodes de chômage et de maladie, ou pour la vieillesse.

On devra reconnaître que les législateurs contemporains ont déjà réalisé en ce sens quelques progrès. Le mieux serait sans doute d'accentuer ce mouvement.

Voilà pourquoi la Société d'études législatives a considéré qu'il fallait maintenant augmenter les droits de la femme sur ses propres gains. Car, à quoi bon faciliter ses versements à la caisse d'épargne, à la caisse des retraites pour la vieillesse, aux sociétés de secours mutuels, etc., si elle se voit enlever ses propres salaires par son mari ?

Finalement, dans le projet adopté par la commission de la Société précitée, il n'est directement question que des droits de la femme mariée sur les produits de son travail et sur les économies en provenant (¹).

Il n'en résulterait pas moins des restrictions sérieuses aux pouvoirs actuellement reconnus au mari.

1° Au lieu du mandat tacite traditionnel que la loi (art. 1420) et la jurisprudence reconnaissent à la femme, mandat toujours révocable au gré du mari, celle-ci tiendrait directement de la loi certains pouvoirs que la justice seule pourrait lui retirer, et seulement en cas d'abus prouvés.

L'étendue de ce mandat légal devrait être fixée d'après la nature des actes juridiques à faire, ou d'après celle des biens sur lesquels il s'exercerait. Cette dernière solution qui a été préférée par la commission de la Société d'études législatives a été contestée (²). Elle soulève, en effet, des difficultés sérieuses de preuve, que l'article 4 du projet précédemment cité aurait pour but de résoudre.

2° En tout cas, les pouvoirs du mari sur les biens com-

(¹) *Bulletin de la Société d'Études législatives*, 1901-1902, I, p. 464.
(²) V. Binet, *La femme dans le ménage* (Th. 1904) spécial. p. 334, s.

muns, — ses pouvoirs comme chef de la communauté, — subiraient une première restriction à raison même des pouvoirs propres conférés à la femme par la loi.

3° Il semble bien, quoique le projet de la Société d'études législatives n'aborde pas cet ordre de questions, qu'une seconde restriction devrait être consacrée. Les législateurs de 1804 n'ontpas osé répudier, assez complètement, l'ancienne règle que le mari est seigneur et maître de la communauté. Le mari ne devrait, pouvoir aliéner des acquêts ou biens de communauté, même à titre onéreux, qu'avec le consentement de la femme qui, d'ordinaire, il est vrai, signerait de confiance, comme il arrive chaque jour lorsqu'elle renonce à son hypothèque légale, ou lorsqu'elle s'oblige avec son mari.

Ce qu'il faut surtout interdire au mari, c'est la vente, malgré la femme, des instruments de la profession exercée par celle-ci, et aussi la vente des meubles indispensables au ménage. Il serait bon, à ce sujet, de se montrer plus large que ne l'est l'article 592 du Code de procédure civile en matière d'insaisissabilité.

4° La loi devrait aussi obliger le mari à indemniser la communauté toutes les fois qu'il lui a causé un préjudice par des prodigalités inexcusables, ou par des fautes trop lourdes dans l'administration du fonds commun.

Toutefois, ce principe nouveau ne devrait être formulé qu'avec une grande réserve ; sinon le législateur serait logiquement conduit à en faire l'application à la femme elle-même, du moins le jour où le mari se trouverait quasi-désarmé, par la législation nouvelle, en face de dépenses trop déraisonnables de son conjoint.

Ce que l'on demande avant tout, c'est l'amoindrissement des pouvoirs exorbitants du mari sur les biens communs et sur les produits du travail de la femme. Certains pouvoirs seraient délégués par la loi à cette dernière. L'administration de la communauté serait partagée entre elle et son mari. Celui-ci en conserverait sans doute la part la plus large. Mais la femme aurait la direction intérieure du ménage dans la mesure où elle lui est généralement reconnue par nos mœurs actuelles.

Voici, d'ailleurs, pour plus de clarté, un tableau résumé des réformes que les jurisconsultes tendent très généralement à considérer comme utiles et comme suffisantes. Elles feraient, en effet, une large part aux vœux des réformateurs :

1° Ne permettre au mari de faire seul, sans le concours ou le consentement de la femme, que les actes d'administration. Les articles 1421 et 1422 seraient modifiés en ce sens.

Il y aurait avantage à assimiler les pouvoirs du mari sur les biens communs à ceux que la loi lui concède sur les biens de l'épouse, quand l'administration lui en est confiée (art. 1428 et 1531).

Et pour rendre la loi plus simple dans cet ordre d'idées, il serait bon de faire disparaître les quelques droits supplémentaires attribués, par l'article 1549, au mari administrateur des biens dotaux.

2° Quant aux actes de disposition des biens communs, ils exigeraient le consentement des deux copropriétaires, c'est-à-dire celui du mari et celui de la femme.

Toutefois, en cas de nécessité démontrée ou d'avantage évident, le consentement de cette dernière pourrait être suppléé par l'approbation de la justice. Une situation inverse est déjà réglée, dans une certaine mesure, par l'article 1427 quand le mari est absent ou interdit (V. égal., art. 124, 507 et 511).

3° Transformer en mandat légal le mandat tacite que la jurisprudence reconnaît à la femme mariée, comme, d'ailleurs, il lui était déjà reconnu dans l'ancien droit.

Ce mandat qui a principalement pour objet l'achat des fournitures nécessaires au ménage, devrait être élargi d'après l'esprit des lois du 9 avril 1881 et du 20 juillet 1895 sur les caisses d'épargne, du 20 juillet 1886 sur la caisse des retraites pour la vieillesse, du 1er avril 1898 sur les sociétés de secours mutuels.

La femme aurait le droit exclusif de toucher ses salaires,

de faire des versements et aussi des retraits aux caisses d'épargne. Le maximum de ces retraits pourrait être fixé.

Quant au mandat ayant pour objet les dépenses courantes du ménage, la femme devrait avoir, non seulement le droit d'encaisser elle-même ses gains, mais encore de réclamer du mari, — à défaut de crédit ouvert chez les fournisseurs, — les sommes suffisantes pour les dépenses communes. Elle pourrait même, en raison des circonstances, être autorisée par la justice à toucher directement les salaires de son mari jusqu'à due concurrence, en tant qu'elle dirigerait le ménage avec prudence et économie.

Ces pouvoirs conférés à l'épouse par la loi ne pourraient être suspendus ou lui être retirés par le juge qu'en connaissance de cause, et pour abus bien constatés.

C'est le juge de paix qui devrait, d'abord, statuer sur les questions de ce genre, sauf recours devant le président du tribunal, le tout sur simple lettre de convocation.

4° Le mari devrait une récompense à la communauté, à raison de ses prodigalités.

Logiquement, il en devrait être de même de la femme, en cas de gaspillages inexcusables et répétés.

Une solution de même nature s'étendrait aux obligations résultant de délits et de quasi-délits (art. 1424, 1425).

5° Il paraît nécessaire d'accorder à la femme, — sauf à confier à la justice le soin de statuer en cas de protestation motivée du mari, — la liberté d'exercer un commerce ou une industrie.

6° Dans cette hypothèse, s'il y a communauté entre les époux, comme il est pratiquement impossible que le commerce ne soit pas aux risques et avantages de la communauté, —solution d'ailleurs traditionnelle,— ne faudrait-il pas étendre au mari, à titre exceptionnel, le droit d'agir en séparation de biens contre sa femme, pour sauvegarder, le cas échéant, ses intérêts personnels et ceux de la communauté ? Nous trouvons ainsi, dans l'ancien droit, quelques traces d'extension de la séparation de biens au profit du mari (¹). Or,

____

(¹) V. *infrà*, II, n° 895.

cette extension s'imposera dès que le pouvoir absolu d'appréciation, accordé au chef de la communauté par l'article 4, si critiqué, du Code de commerce, se trouvera supprimé ou notablement amoindri.

7° On demande généralement que la communauté réduite aux acquêts devienne le régime légal ou de droit commun à la place de la communauté des meubles et acquêts des articles 1400 et suivants du Code civil actuel. Les meubles seraient, de plein droit, exclus du fonds commun entre les époux, — c'en est de beaucoup le plus grand nombre, (¹) — qui se marient sans faire de contrat de mariage.

Cette question est loin d'être nouvelle: Elle a été déjà abordée au cours de la discussion du Code civil de 1804 (²). On proposa au Conseil d'État d'exclure de la communauté, en même temps que les immeubles présents, toutes les valeurs mobilières nominatives dont l'existence, au moment de la célébration du mariage, serait certaine. Il n'y avait guère alors, dans cette catégorie, que les rentes et les créances hypothécaires.

On aurait pu ajouter que, à l'égard des valeurs mobilières échues aux époux durant le mariage, pareille distinction ne s'impose plus, puisque le titre essentiel du conjoint qui les réclame en propre se trouve dans l'acte de donation (art. 1401-1°, 948), ou dans l'inventaire dressé lors de l'acquisition par succession (art. 1504). Ce dernier point de vue passa inaperçu.

On se borna à déclarer que ceux qui possèdent quelque chose au moment du mariage peuvent subvenir à la dépense d'un contrat pour y exprimer leurs intentions. Cette solution est défectueuse pour le cas où le contrat de mariage vient à être annulé, et aussi quand un prodigue, incapable d'aliéner (art. 513), se marie sans contrat.

Théoriquement, la substitution de la communauté réduite aux acquêts à la communauté de tous les meubles et acquêts, comme régime légal, est donc justifiée.

Mais, en pratique, la communauté réduite aux aquêts sup-

(¹) V. _infrà_, I, n° 64 (note).

(²) V. _infrà_, I, n° 58. — Cpr. Thaller, *Rapport sur rev. C civil*, p. 17.

pose une preuve de la consistance des meubles de chacun des époux lors de la célébration de l'union conjugale. Sans doute, une telle preuve doit être authentique pour les fortunes mobilières de quelque importance. Quant aux futurs conjoints de situation modeste, peut-être pourrait-on leur économiser des frais en les autorisant à dresser, lors de la célébration du mariage, un état sous-seing privé de leurs apports dans les limites d'un maximum de 500 francs ou de 1000 francs par exemple. Un double de cet état serait mentionné dans l'acte de mariage et y serait annexé (¹). Il y a là un point délicat à étudier.

En tout cas, il devrait être entendu que les ménages qui préfèrent la communauté des meubles et des acquêts, — dans certaines régions les tendances des familles agricoles de métayers sont en ce sens, — n'auraient, au moins quant aux meubles dont la propriété n'est pas établie par un acte nominatif, qu'à s'abstenir de dresser cet inventaire.

8° D'ailleurs, la législation sur la preuve des apports et du droit aux reprises à exercer, soit en *nature,* soit en *créances,* est à remanier et à codifier. La jurisprudence a dû l'édifier sur quelques textes par trop insuffisants et épars. Aussi a-t-elle dû être déjà, en 1838, l'objet d'une réglementation spéciale pour le cas de faillite (art. 558, s. C. comm.).

**

Ne pourrait-on pas se contenter d'améliorer la communauté légale actuelle, en excluant du fonds commun et en

(¹) Le Code civil espagnol promulgué le 24 juillet 1889, après avoir déclaré, dans le second alinéa de son article 1315, que : « A défaut de contrat sur les biens, on considérera le mariage comme contracté sous le régime de la société *légale* d'acquêts », décide, dans son article 1324, que : « Toutes les fois que les biens, apportés par les époux ne sont pas immeubles et que le total de l'apport du mari et de celui de la femme n'excède pas 2500 pesetas, et qu'il n'y a pas de notaire dans la commune de leur résidence, les conventions pourront être arrêtées devant le secrétaire de l'*Ayntamiento* (Conseil de la ville) et deux témoins qui constateront sous leur responsabilité, s'il y a lieu, l'apport et la délivrance des biens indiqués. Le contrat ou les contrats originaux seront conservés dans un registre, dans les archives de la municipalité du lieu. Lorsque, parmi les apports, quelle que soit leur valeur, il y a un ou plusieurs immeubles, ils seront toujours dressés devant notaire, par acte public. » (V. trad. Levé, p. 249 et 251).

réservant propres de plein droit, pour chacun des époux :
1° une grande partie des meubles présents, d'après le principe que nous allons indiquer ci-dessous; 2° tous les meubles et valeurs mobilières à venir?

Parmi les meubles présents, il en est pour lesquels, sans
contrat de mariage, il serait aussi facile que pour les immeubles de constater, en liquidant la communauté, qu'ils appar-
tenaient déjà, lors de la célébration du mariage, à l'un ou à
l'autre des époux. Tels sont les offices ministériels, les fonds
de commerce, les rentes nominatives sur l'État, les rentes
sur les particuliers, les créances hypothécaires, les actions
et obligations nominatives, les droits de propriété littéraire
et artistique, les brevets d'invention, marques, dessins,
modèles de fabrique, et en général, tout ce qui constitue la
propriété industrielle, etc... (¹).

Quant aux meubles et valeurs mobilières futurs, c'est-à-
dire acquis durant la communauté par succession *ab intes-
tat*, donation ou legs, leur qualité de propres serait établie
par l'acte de donation, par le testament ou par l'inventaire
dressé conformément aux articles 1415 et 1504 du Code civil.

L'actif de la communauté de droit commun étant ainsi
déterminé, quel devrait être son passif? Nous croyons que la
solution la plus simple, en l'absence de tout contrat de
mariage, serait de l'assimiler presque entièrement au passif
de la communauté d'acquêts du Code de 1804, c'est-à-dire
qu'il en faudrait exclure toutes les dettes antérieures à la
célébration de l'union conjugale, sauf les dettes courantes
qu'il est d'usage d'acquitter avec les revenus ou les salaires,
en exclure aussi le passif futur correspondant aux acquisitions à titre gratuit réalisées pendant la communauté (suc-
cessions, donations, legs). Le passif commun ne comprendrait
donc, outre l'arriéré habituel des dettes courantes existant
lors du mariage, que les dettes correspondant aux charges du
ménage (art. 1409-5°), les charges usufructuaires (art. 1409,
3° et 4°) et, en général, toutes les dettes contractées valable-
ment pendant le mariage par le mari ou par la femme dans

(¹) V. *Infrà*, II, n° 1302.

la limite de leurs attributions, sauf récompense dans l'hypothèse où l'époux aurait traité dans son intérêt personnel.

Au cas où les conjoints désireraient faire supporter par la communauté une part plus large dans le passif, il leur faudrait recourir au ministère du notaire.

Quoi qu'il en soit, le régime de droit commun ainsi établi présenterait l'avantage, qui paraît essentiel, de ne pas exiger d'écrit ou d'inventaire avant la célébration du mariage; tout en répondant, aussi complètement que possible, aux tendances des familles, surtout de celles qui n'ont qu'une modeste aisance.

Il importe, il est vrai, en établissant le régime de droit commun, de ne perdre de vue, ni les cas dans lesquels le contrat de mariage vient à être annulé, ni ceux où des incapables, tels que les prodigues et les faibles d'esprit, en se mariant sans contrat, abriteraient, peut-être inconsciemment, sous le régime légal, des donations de valeurs mobilières au porteur peut-être très considérables. Ne serait-il pas sage, dans ces derniers cas, de déclarer nulles de telles libéralités, lorsqu'elles n'auraient pas été approuvées conformément au droit commun, écrit dans les articles 499 et 513 actuels du Code civil?

Quant au premier cas, celui de l'annulation d'un contrat de mariage, par exemple pour vice de forme, ne comporterait-il pas une solution identique, la plus équitable de toutes quand on n'est pas sûr de l'expression certaine d'une volonté suffisamment libre et éclairée?

Une solution pareille serait désirable en cas de mariage d'un mineur qui n'a pas obtenu les consentements voulus par la loi, si l'action en nullité contre le mariage vient à s'éteindre dans les cas prévus par les articles 182 et 183 du Code civil. Une semblable mesure s'impose pour empêcher de graves abus. Elle serait plus que jamais nécessaire si le mariage du mineur cessait d'être subordonné, aussi sévèrement qu'aujourd'hui, au consentement de la famille.

La communauté légale du Code civil de 1804, de l'aveu de tous, absorbe, aux dépens des époux, une portion trop considérable de leur fortune, par suite du changement qui s'est opéré, au début du xix⁰ siècle, dans la distinction des meubles et des immeubles. Par le procédé que nous venons d'indiquer, on se rapproche, tout à la fois, de l'ancienne communauté française, et, plus encore, de la communauté d'acquêts, en si grande faveur sur toute l'étendue du territoire. N'est-ce pas en ce sens que la réforme de notre régime de droit commun est sollicitée par presque tous les partisans du régime de communauté?

Nous avons précédemment repoussé l'idée émise par quelques-uns de faire du régime de séparation de biens le régime de droit commun. Ce régime ne serait pas facilement accepté par les 200.000 ménages qui, chaque année, se fondent sans contrat. Les protestations seraient bientôt nombreuses et énergiques. Quant aux 82.346 ménages qui, en 1898, avaient fait arrêter devant notaire leurs conventions matrimoniales, 2128 seulement avaient stipulé la séparation de biens complète, tandis que 2849 autres, attachés aux traditions des pays de dotalité, avaient stipulé le régime dotal pur avec quelques paraphernaux (¹).

La séparation de biens, chez nous, a pour rôle principal de retirer au plus vite des mains du mari les biens de la femme quand ils y sont en péril. C'est une exception justifiée à la règle de l'immutabilité des conventions matrimoniales. Aussi ne peut-elle résulter que d'une décision de justice prononcée en connaissance de cause.

Mais, à quoi bon les frais d'une nouvelle décision judiciaire quand la faillite du mari a été déclarée par jugement?

Une première modification consisterait à admettre, pour ce cas, une séparation de biens dérivant de plein droit de la déclaration de faillite. L'avant-projet d'un Code civil uniforme pour la Suisse propose, en ce sens, une séparation de biens *légale*, pour le cas où « les créanciers d'un époux

(¹) V. *infrà*, I, n° 64 (*note*).

déclaré en faillite subissent une perte. » Cette seconde condition est-elle bien utile, tant il est rare qu'elle fasse défaut ? Il suffirait, ce semble, d'édicter le rétablissement de plein droit du régime antérieur à la séparation de biens, le jour de la mise en distribution du dividende qui compléterait le versement intégral de tout ce qui était dû aux créanciers de la faillite.

2° Le mari dissipateur ou peu rangé pourrait être privé par le tribunal du droit d'encaisser la contribution de la femme aux dépenses communes (art. 1448).

3° Il faut reconnaître que la question de la suppression de l'autorisation maritale revêt un aspect particulier en cas de séparation de biens judiciaire ou contractuelle.

*
* *

Sur le régime dotal, il y aurait beaucoup à dire.

Tout en respectant le principe de la liberté des conventions matrimoniales, et aussi les habitudes traditionnelles des familles qui pratiquent le régime dotal, ne conviendrait-il pas d'adoucir le régime type exposé dans le Code, sauf à examiner si les stipulations par lesquelles elles sont libres de le modifier pourraient en rétablir toute la rigueur actuelle. Le régime dotal proposé à l'adoption des époux qui trouvent commode de renvoyer au Code pour les détails, doit être le régime dotal sous sa forme la plus fréquemment consacrée aujourd'hui dans les contrats de mariage.

Bornons-nous à signaler les quelques points sur lesquels devrait, à notre avis, porter plus spécialement l'attention des réformateurs.

1° Les droits du mari sur les biens dotaux de la femme ne devraient-ils pas être dépouillés de toutes les prérogatives qui rappellent l'ancienne qualité de propriétaire de la dot ? Sous ce régime, comme sous les régimes en communauté ou de non communauté, le mari à qui la femme a abandonné l'administration et la jouissance de certains biens, doit être traité en usufruitier, non en quasi-propriétaire de la dot.

Les articles 1428 et 1549 devraient conférer au mari des droits égaux. Comprend-on, par exemple, que le mari, sous un régime organisé, dit-on, principalement en vue de la conservation de la dot, ait le droit de céder les créances dotales, droit qu'il n'aurait pas sous le régime de la communauté ? Aussi les clauses d'emploi des deniers dotaux viennent-elles fréquemment changer du tout au tout la situation.

2° Si l'inaliénabilité dotale est maintenue, n'est-elle pas, le plus souvent, tout à la fois adoucie et assouplie par la faculté d'aliéner moyennant remploi ? Il faudrait ainsi faire de l'emploi et du remploi la règle à l'égard de toutes les valeurs dotales.

3° L'imprescriptibilité devrait être mieux réglée.

4° Il en est de même de l'insaisissabilité.

5° Enfin, l'adoption du régime dotal et la constitution de biens dotaux inaliénables ne devraient pas, à moins de stipulation contraire très nette dans le contrat de mariage, exclure l'adjonction d'une société d'acquêts, stipulée aujourd'hui dans la moitié environ des contrats de mariage dont le régime dotal est la base. En un mot, la société ou communauté d'acquêts de droit commun serait maintenue à côté du régime dotal, toutes les fois qu'il n'en serait pas disposé autrement par une clause formelle du contrat de mariage.

*
* *

Voici, en abrégé, les modifications en partie déjà proposées par les jurisconsultes, et qui, se complétant les unes par les autres, nous sembleraient mettre nos régimes matrimoniaux en harmonie avec les mœurs contemporaines et les habitudes des familles qui dictent, chaque jour, les contrats de mariage chez les notaires.

Nous n'avons pas la prétention d'avoir touché à tous les points principaux dans une matière aussi vaste, et dont les éléments sont si variés (¹). Toutefois, nous croyons avoir

---

(¹) C'est ainsi que la publicité du contrat de mariage organisée par la loi du 10 juillet 1850 pourrait être améliorée. V. *infra*, I, n° 172.

montré, après beaucoup d'autres, comment, sans être boule-
versés, nos régimes matrimoniaux, peuvent être améliorés
dans l'intérêt général, soit des femmes mariées de la bour-
geoisie, soit de la femme de l'ouvrier. Légiférer en vue d'une
classe particulière de personnes serait regrettable ; et, d'ailleurs, l'application d'une telle législation se heurterait dans
la pratique à des difficultés insurmontables.

.·.

Nous voudrions, avant de terminer cette très brève étude
des réformes plus ou moins directement projetées ou sollici-
tées, mettre en évidence les avantages, plus nombreux
qu'on ne le suppose, accordés aux femmes mariées par
notre législation actuelle, avantages que des réformes impru-
dentes pourraient faire disparaître. Cet exposé rapide n'est
peut-être pas inutile pour faire mieux connaître certains
aspects de notre législation matrimoniale, parfois critiquée
avec trop d'amertume.

1° Il est essentiel que la femme commune en biens con-
serve la faculté de renoncer à la communauté après sa dissolution.

On aurait beau inscrire dans la loi que les époux sont, vis-
à-vis l'un de l'autre, sur un pied d'égalité parfaite, cela
n'empêcherait nullement que, en fait, la femme abandonne
à son mari la gestion des intérêts communs. Les législateurs
de 1804, gens expérimentés, ont sagement prévu qu'il en
serait parfois ainsi, même à l'égard des biens dont le contrat
de mariage réserve l'administration à la femme (art. 1539,
1577 à 1580).

Dès lors, il est équitable que la femme puisse se poser
en commanditaire, et ne perdre que sa mise en communauté,
si cette communauté se trouve finalement en déficit.

2° C'est au même ordre d'idées qu'est dû, en faveur de la
femme commune en biens, le bénéfice d'émolument, sorte de
bénéfice d'inventaire simplifié, organisé par l'article 1483.

3° Les législateurs de 1804, maintenant une tradition
ancienne, sont allés plus loin encore dans l'article 1514. Ce

texte accorde à la femme la faculté, — on en comprendrait
la suppression, — de stipuler pour le cas de renonciation
la reprise de son apport. Bien qu'elle ait été associée, elle
peut se réserver la faveur exorbitante de se transformer en
créancière de sa mise en société (1).

4° Le droit de provoquer, au moyen de la séparation de
biens, la dissolution anticipée de la communauté, est encore
un avantage octroyé à la femme en même temps qu'il est
une mesure destinée à sauver la dot, si elle est en péril aux
mains du mari.

5° En cas d'insuffisance des biens communs pour acquitter
les indemnités dues par la communauté à l'un ou à l'autre
époux, la femme est payée par préférence à son mari
(art. 1471, 1472).

Le mari est le débiteur subsidiaire des reprises de l'épouse
non intégralement remboursée par la communauté, tandis
qu'il n'a aucun recours contre la femme, si, après paiement
de celle-ci, la communauté ne peut le désintéresser.

6° C'est au mari à faire inventorier, durant le mariage,
les valeurs mobilières qui échoient à la femme par succession ou autrement, et qui resteront la propriété de celle-ci
(art. 1504). C'est à lui qu'il est prescrit de faire constater,
à l'aide de l'inventaire, la base de la répartition des charges qui peuvent résulter de ces acquisitions (art. 1415). Or,
à défaut d'inventaire, la femme peut, seule, recourir à la
preuve par témoins, et même à la preuve si dangereuse de
la commune renommée.

La plupart de ces avantages légaux conférés à l'épouse,
si l'on en excepte les trois premiers, lui profitent, d'ailleurs,
sous les régimes autres que la communauté.

Ainsi la séparation de biens judiciaire est admise sous le
régime dotal (art. 1563) et en cas de non communauté.

L'article 1450 nous montre le mari, même au cas de séparation de biens, rendu responsable du défaut d'emploi des
deniers de la femme, par cela seul qu'il était présent à la
vente qui les a procurés.

---

(1) Pothier. *Communauté*, n° 379 et *Introd. au tit. X Cout. d'Orléans*, n° 68.

7° Sous tous les régimes, le législateur accorde à la femme une hypothèque légale sur les immeubles de son mari pour le recouvrement de sa dot et de toutes les sommes ou indemnités dont ce dernier est responsable envers elle, et, on vient de le voir, avec quelle facilité !

8° L'inaliénabilité dotale qui, d'après la jurisprudence est une aggravation conventionnelle de l'incapacité légale de la femme, mais qui, en même temps, constitue une des plus énergiques garanties de conservation de la dot, devrait disparaître aussi, le jour où serait proclamée l'égalité absolue du mari et de l'épouse (¹).

9° Nous ne mentionnerons que pour mémoire l'indemnité de deuil due à la veuve sous tous les régimes (art. 1481 et 1570), ainsi que le droit au logement et à la nourriture réglés diversement par les articles 1570 et 1465.

Les partisans de l'égalité complète des époux veulent-ils dépouiller la femme mariée de tous ces privilèges ?

.
..

Parmi les privilèges actuellement reconnus à la femme, il en est un, dont nous avons, à dessein, omis de parler jusqu'à ce moment ; car il se rattache encore plus directement que les autres à la traditionnelle prépondérance légale du mari dans le ménage. Ce privilège consiste en ce que, pour les dépenses courantes, les poursuites des fournisseurs non payés ne peuvent être dirigées que contre le mari. La femme n'est obligée personnellement envers les tiers que si elle a consenti à joindre son obligation à celle de son époux. Faisant d'ordinaire, elle-même, les acquisitions à crédit chez les fournisseurs, elle a simplement agi en vertu du mandat tacite du chef de famille, mandat admis dans l'ancienne jurisprudence comme sous l'empire du Code civil de 1804 (art. 1420). Mandataire, elle n'oblige que son mandant sans s'obliger elle-même.

(¹) Ces deux institutions de l'hypothèque légale de la femme et de l'inaliénabilité dotale doivent leur dernier développement à l'empereur Justinien, qualifié par ses contemporains de *uxorius imperator*.

Si cette situation privilégiée de la femme est critiquée, elle ne peut l'être que dans l'intérêt du mari.

On la voit disparaître dans la plupart des projets d'importation plus ou moins complète, en France, du système des « biens réservés » au profit de l'épouse (¹).

Quoi qu'il en soit, cet avantage traditionnel conféré à la femme mariée sous tous nos régimes matrimoniaux, se rattache à l'idée fondamentale que le mari est le chef de l'association conjugale. Il est seul responsable envers les tiers créanciers.

Sans doute, les dépenses communes doivent peser sur les deux époux proportionnellement à leur avoir. Mais tous nos régimes sont actuellement organisés en ce sens que les ressources du ménage sont concentrées aux mains du mari. Qu'est-ce, en effet, que la dot sous tous ces régimes selon la définition de l'article 1540, si ce n'est le bien que la femme apporte, — d'ordinaire en une sorte d'usufruit, au mari, pour subvenir aux charges du ménage? Ainsi, la communauté usufruitière des biens propres de l'épouse (art. 1401-2°) et centralisant les gains des conjoints (art. 1498), est tenu de toutes les charges du ménage (art. 1409-5°). Même sous le régime de la séparation de biens contractuelle ou de la paraphernalité (art. 1537 et 1575), la femme verse, aux mains du mari, sa contribution à ces charges. Le Code civil de 1804 maintient ce principe jusque dans le cas de séparation de biens judiciaire, — au moins si l'on prend l'article 1448 à la lettre, — malgré l'insolvabilité du mari.

La femme contribue donc aux charges du ménage dans la mesure où elle le peut faire ; mais, si elle ne s'est point obligée personnellement, elle est soustraite aux poursuites des fournisseurs. Son mari seul y est exposé.

En ce moment, nous nous gardons d'apprécier, nous constatons l'état présent de notre législation sur ce point capital. Nous comprenons qu'on y touche ; mais il ne faudra le faire, semble-t-il bien, qu'avec une grande discrétion, en

---

(¹) V. le projet de loi voté par la commission de la Société d'Études législatives, article 3, et en rapprocher les projets de MM. Cauwès, Morizot-Thibault, Saleilles. (*Bulletin de la Société d'Études législatives*, 1901-1902, I, p. 55, 203, s.)

prenant garde aux répercussions qu'il sera indispensable de
prévoir et de régler.

Il faut se rendre compte, par avance, de la situation nouvelle qu'on essaie de créer au profit de l'épouse. La qualité
en laquelle elle agit est beaucoup plus aisée à modifier en
droit, qu'elle n'est facile à transformer en fait. La femme
usera-t-elle du droit, qu'il faudra bien apparemment lui
reconnaître, de se faire remettre par le mari des sommes
suffisantes prises sur les gains provenus du travail de ce dernier, et sur les revenus de ses biens s'il en a, pour acquitter les dépenses courantes de la famille? Qu'il faille répondre
oui à cette question dans bien des cas : soit ! Mais l'épouse
n'en sera pas moins exposée à être poursuivie sur ses biens
personnels et sur ses économies par les fournisseurs chez
lesquels elle aura fait des achats à crédit.

Est-il bien sûr que ce soit là une excellente façon d'améliorer la condition civile de la femme mariée ?

Le créancier du prix de fournitures n'aura-t-il d'action que
contre elle, ou devra-t-il traiter le mari et la femme comme
deux codébiteurs conjoints ?

On a aussi proposé de décider « que la femme, dans ses
fonctions domestiques, oblige le mari à titre principal, ne
s'engageant elle-même qu'à titre accessoire... » Ce système,
emprunté au Code civil espagnol (art. 1362) supposerait, le
maintien du droit de surveillance du mari sur les actes de
la femme (¹).

De son côté, la commission de la Société d'Études législatives, dans l'article 3 de son projet de loi, pose en principe que:
« Les biens dont l'administration est réservée à la femme
peuvent être saisis par ses créanciers. Ils peuvent l'être
également par les créanciers qui ont contracté avec le mari
pour les besoins du ménage, lorsque, d'après le régime
adopté, ces biens auraient dû être à la disposition du
mari (²). » Ce système ne serait-il pas le meilleur ? Cepen-

(¹) Chéron. *Étude sur l'adage Uxor non est propria socia* (Th. 1901) p. 380
et 358, s.

(²) V. *Bulletin Société d'Études législatives*, 1901-1902, I, p. 464.

dant la question des recours et des récompenses se pose ici dans toute son ampleur. Si le droit à la récompense est admis : sur quelles bases l'établir? S'il ne l'est pas : laissera-t-on le fardeau de la dette peser sur celui des époux qu'il aura plu aux créanciers de choisir ? Dans le cas où il existerait une communauté entre les époux et qu'elle serait acceptée par la femme ou ses héritiers, les biens réservés à celle-ci devant rentrer dans le fonds commun, il semble logique de laisser toutes les dettes de fournitures à la charge de la communauté. Mais supposons une renonciation; la femme prélevant alors ses biens à elle réservés, c'est-à-dire des économies d'autant plus importantes qu'elle aura moins payé, serait-il juste qu'elle rejetât sur la communauté la portion de passif qu'elle aurait dû acquitter ?

Il serait trop long de discuter ici ces questions.

Ces quelques citations suffiront, sans doute, pour faire entrevoir la gravité du problème que nos législateurs auront à résoudre sur ce point.

Certes ! le législateur doit protéger la femme de l'ouvrier et du modeste employé; il doit protéger le ménage lui-même contre plusieurs dangers déjà signalés.

Que l'on supprime l'omnipotence du mari sur les biens communs. Les articles 1421 et suivants ne concordent plus avec nos mœurs. Le mari ne doit avoir, en règle générale, que les pouvoirs d'un administrateur ordinaire.

Dès qu'il s'agit d'actes d'aliénation à titre onéreux ou à titre gratuit, le principe de l'égalité des époux doit s'affirmer d'une manière pratique et efficace ([1]).

Mais, là n'est pas tout. Il faut essayer de protéger spécialement les modestes ménages, tant contre les prodigalités du mari, que contre les gaspillages de la femme dans les cas, — relativement rares — où ils se produisent.

([1]) C'est ainsi déjà que, d'après le projet de loi que vient de déposer le gouvernement pour l'introduction du *Homesteadt* en France, il serait admis que la maison ou domaine déclaré insaisissable ne pourrait être aliéné par le mari qu'avec le consentement de la femme.

'Si l'alcoolisme du mari est la plaie dans un trop grand nombre de ménages, — c'est un mal contre lequel le législateur civil est singulièrement impuissant, — les achats imprudents ou excessifs de la femme sont aussi, parfois, la principale cause de la gêne à la maison.

Seules, les mœurs peuvent rendre l'épouse laborieuse, vigilante et économe. Ces qualités ne se décrètent pas plus que la sobriété et la bonne conduite chez le mari. Tout au plus, serait-il . possible d'ériger en délit l'abandon de la famille (¹).

Peut-être, aussi, des lois particulières devraient-elles réprimer, avec une sévérité toute spéciale, certains abus criants qui se produisent, trop souvent hélas ! aux dépens des ménages les moins aisés. Il faut se garder, sans doute, de porter atteinte à la liberté du commerce. Et puis, les achats d'une famille qui se fonde ne peuvent pas toujours être acquittés au comptant, ou dans un très bref délai. Le paiement au moyen de mensualités est alors, de prime abord, fort séduisant. Mais, en réalité, il cache trop fréquemment des majorations exorbitantes (²). Le législateur ne devrait-il pas interdire certaines stipulations et étendre à ces contrats, jusqu'à un certain point, les lois qui punissent le délit d'usure ?

Une loi du 12 mars 1900, (³) reconnue insuffisante d'ailleurs en pratique, a dû être portée dans un but analogue. Elle

---

(¹) V. note de M. Charmont dans le *Bulletin de la Société d'Études législatives*, 1901-1902, I, p. 76 s.

(²) N'est-elle pas suggestive cette chanson de la femme du mineur : « Je te laisserai acheter pour que tu t'en pares chaque dimanche, des chemises blanches des cravates voyantes, une redingote et un chapeau haut de forme, à condition toutefois que tu me commandes, d'abord, de belles robes, des chapeaux à grandes plumes, une commode très haute et un grand lit avec ses rideaux, que les maisons d'abonnement livrent immédiatement, *à crédit, aux prix les plus exorbitants.* » Lucien Leroy, *Illustration* du 4 février 1902, p. 107, article intitulé : « Chez les mineurs ». Il s'agit des mines de Lens. (Lire cette chanson reproduite, *in extenso*, dans le *Bulletin de la Société d'Études législatives* 1901-1902, I, p. 52, 53).

(³) Loi ayant pour objet de réprimer les abus commis en matière de vente à crédit des valeurs de Bourse. Consulter les articles 2 et 3. *Journ. officiel* du 18 mars 1900, p. 1653.

s'est proposé de protéger les moins fortunés, les plus économes et les moins expérimentés contre les sollicitations qui tendent à leur faire acquérir, également à l'aide de mensualités, des obligations à lots. Ici, outre l'exagération du prix total en cas de paiement régulier de la somme exigible chaque mois, se rencontre, d'ordinaire, une clause rigoureuse de déchéance de plein droit, à défaut du paiement d'un petit nombre d'échéances, — au cœur de l'hiver, en plein chômage, — *les sommes déjà versées restant acquises en totalité à titre de dommages et intérêts au vendeur*, à l'ordinaire peu scrupuleux.

Sur ces divers points des lois spéciales peuvent suffire.

**
***

Quant à espérer que les innovations projetées pour remédier à l'ensemble des abus de l'autorité maritale, les feront disparaître : gardons-nous de confondre le droit avec le fait. Retranchons de la loi les droits exorbitants que les articles 1421 et suivants, par exemple, reconnaissent actuellement au mari. Que celui-ci du moins, ne puisse pas vendre et faire enlever, malgré la femme, les meubles indispensables au ménage. Mais, hélas ! que d'alcooliques, même après la séparation de biens, continueront à abuser de la force brutale pour extorquer à leur femme le peu d'argent qu'elle peut avoir pour acheter du pain. La séparation de corps, le divorce même, s'il faut en croire certains faits rapportés par les journaux, sont-ils toujours pour la femme une protection absolue ?

J. Le Courtois et F. Surville.

Poitiers, 25 février 1905.

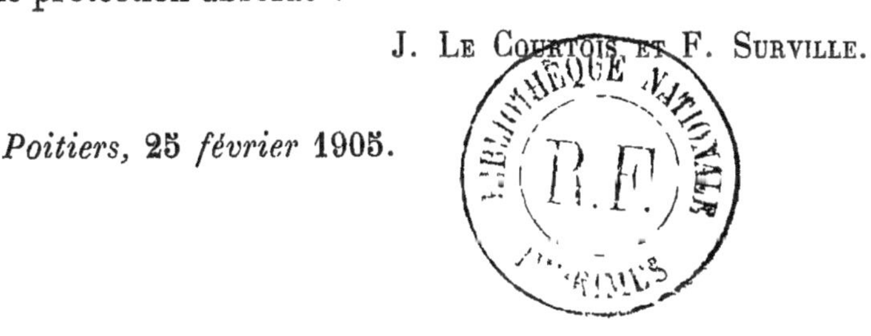

www.ingramcontent.com/pod-product-compliance
Ingram Content Group UK Ltd.
Pitfield, Milton Keynes, MK11 3LW, UK
UKHW021353100726
13657UKWH00006B/2067